Cynllun y Canllaw

14: DALIWCH NHW!

Gwasg Gomer

Erbyn hyn mae dyn y stondin bysgod, Elin a'r ci wedi cyrraedd yr adeilad mawr wrth ymyl y gamlas.
Mae'r dyn yn cuddio'r fan rhag i'r smyglwyr ei gweld.
Rhaid brysio i roi help i Bob a Sam.
Ble mae'r smyglwyr rŵan, tybed?

4

Dacw'r smyglwyr.

"Edrychwch," meddai Elin, "maen nhw'n dod at y drws.

Rhaid eu bod am roi'r bocsys ar y lori.

Be wnawn ni?"

"Paid â phoeni," meddai dyn y stondin, "mae gen i gynllun.

Cynllun i helpu'r bechgyn i ddianc."

"Gwrando," meddai'r dyn.
"Rydw i am drio tynnu sylw'r smyglwyr
am ychydig.
Rydw i am fynd i siarad â nhw.
Dos di â'r ci i mewn i'r adeilad i drio
helpu'r bechgyn i ddianc."
"Cynllun da," meddai Elin, "mi wna i
fy ngorau glas."

"Helo," meddai dyn y stondin wrth y
smyglwyr.
Mae'r smyglwyr wedi dychryn wrth
weld y dyn.
"Pwy ydych chi?" meddai Lari Jac yn flin.
"Rydw i'n chwilio am y farchnad,"
meddai dyn y stondin yn slei.
"Rydw i eisiau prynu bwyd yn y
farchnad."

"Y farchnad! Y farchnad!" gwaeddodd y dyn od.

"Y ffŵl twp! Mae'n hwyr, mae'r farchnad wedi cau."

"Ydych chi'n gwybod am rywle i gael bwyd?" meddai dyn y stondin yn slei eto.

"Yn y dref yn y fan acw," meddai dyn blin arall.

"Ewch," meddai Lari Jac, "rydyn ni'n brysur. Mae gennym fusnes i'w wneud."

12

I mewn yn yr adeilad mawr mae Bob a
Sam yn dal wedi eu clymu wrth ddrws yr
ystafell fechan.
"Mae ar ben arnon ni," meddai Bob.
"Mae'r smyglwyr yn siwr o'n lladd."
"Lol i gyd," meddai Sam.
"Paid â bod yn fabi, Bob. Tria helpu dy
hun, fel fi, a phaid â chwyno byth a
hefyd.
Gwna dy orau glas rŵan.
Rhaid inni beidio â rhoi'r ffidil yn y to."

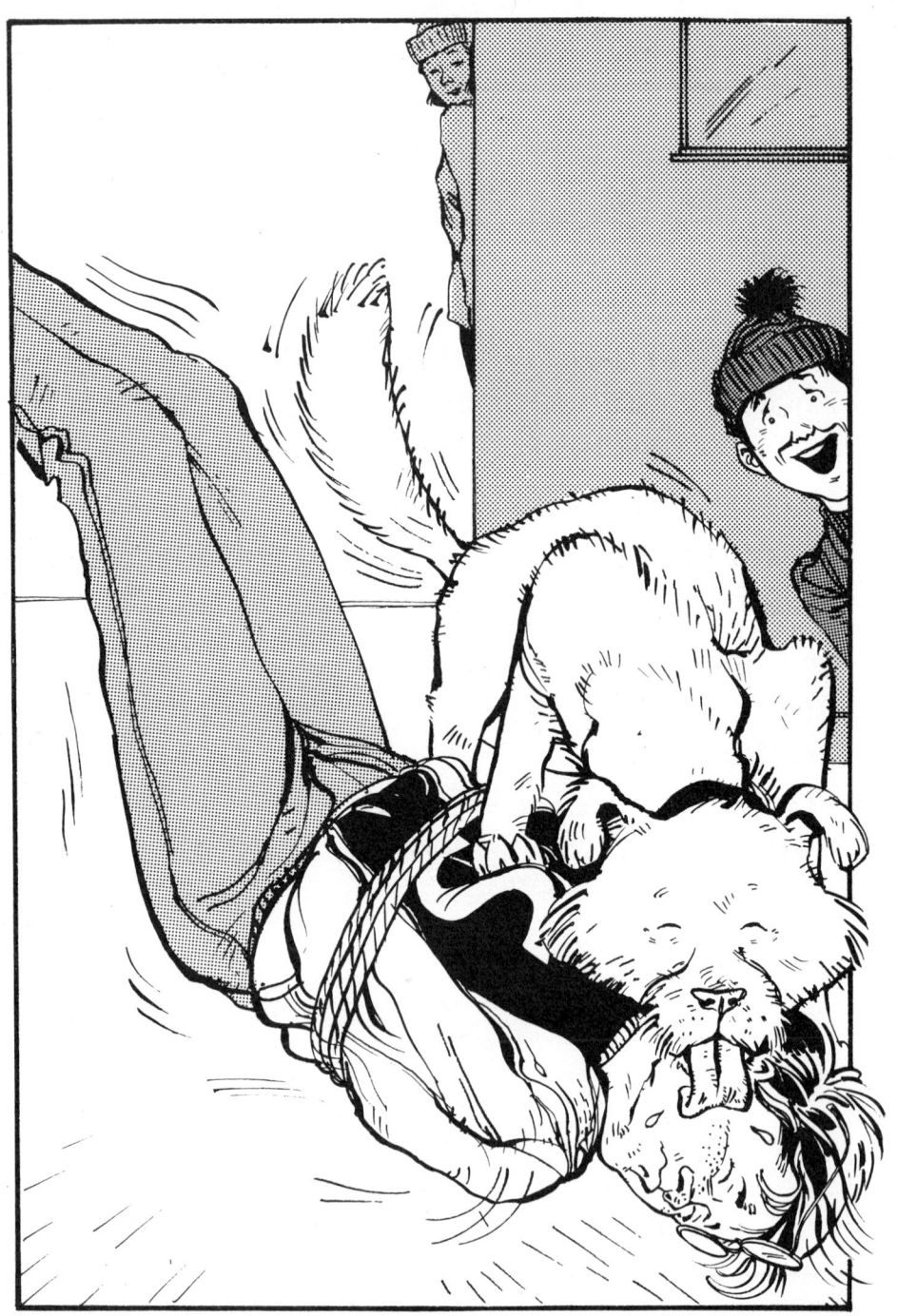

"Sam, Sam mae'r ci mawr yma,"
meddai Bob.
"Rydw i'n gwybod, y ffŵl," meddai Sam.
"Mae'r ci mawr ar fy mhen i!"
Dydi Bob a Sam ddim wedi gweld Elin eto!

"Helo Bob a Sam."

"Elin! O Elin!" meddai Bob gan ddechrau crio.

"Paid â bod yn fabi, Bob," meddai Elin.

"Ffŵl!" meddai Sam.

"Rhaid inni frysio," meddai Elin.

"Mae dyn y stondin bysgod yn siarad â'r smyglwyr i geisio tynnu eu sylw.

Does dim amser i'w golli."

Rhy hwyr! Dacw'r smyglwyr yn dod yn ôl!
Mae'n rhy hwyr i ddianc, ond rhaid peidio
â rhoi'r ffidil yn y to.
Rhaid meddwl am gynllun arall nawr.
Ble mae dyn y stondin bysgod erbyn
hyn, tybed?

"Brysiwch i roi'r bocsys yn y lori,"
meddai Lari Jac, "cyn i ryw ddyn
busneslyd arall ddod yma."
"A beth am y bechgyn busneslyd yna?"
meddai un arall o'r dynion.
"Does dim amser i'w golli efo nhw rŵan,"
meddai Lari Jac.
"Mi ddo i yn ôl i'w setlo nhw ymhen
ychydig," meddai dyn y cwch siglo gan
wenu'n gas.

Mae ar Bob ofn.
Mae o'n crynu yn ei esgidiau.
Erbyn hyn mae ychydig o ofn ar Sam
hefyd.
O'r diwedd mae'r smyglwyr wedi gadael
yr adeilad.
Mae'r lle yn ddistaw fel y bedd.
Does dim amser i'w golli nawr.
Rhaid dianc ar unwaith!
Mae Sam yn mynd at y drws tra mae Elin
yn brysur yn helpu Bob.

Dacw ddyn y stondin yn barod i gychwyn.
"Brysiwch!" gwaeddodd.
"Mae'r smyglwyr yn cychwyn yn y lori.
Rhaid inni achub y blaen arnyn nhw a
mynd i ddweud wrth y plismyn ar
unwaith."
Sôn am ras!
Dacw Bob ac Elin yn dod o'r adeilad
â'u gwynt yn eu dwrn.

Mae'r fan a'r lori yn mynd ar ras.
Mae'r smyglwyr o'u co wrth weld y fan.
''Y dyn busneslyd yna!'' gwaeddodd un
o'r smyglwyr.
''Mawredd mawr!'' meddai Lari Jac.
''Edrychwch pwy sydd yn y fan hefyd!
Y bechgyn!
Mi fydd pawb yn gwybod ein bod ni yma
rŵan.
Rhaid inni achub y blaen arnyn nhw.
Ar eu holau nhw!
Daliwch nhw!''

Sôn am ras!
Mae'r fan yn mynd yn wyllt drwy dref
Amsterdam gan wneud sŵn mawr.
Mae'r lori'n mynd yn wyllt hefyd ar ôl
y fan.
Ond edrychwch beth sydd yr ochr draw
i'r ffordd.
Car heddlu!
Ac mae'r golau glas yn fflachio!

"Y ffŵl twp! Rydych chi'n beryg bywyd,"
gwaeddodd y plismon yn flin ar ddyn y
stondin.
"Rhaid i mi eich setlo chi."
Ond dacw lori'r dyn od yn rhuo heibio'n
wyllt.
Roedd sŵn a mwg mawr ymhobman.
"Y smyglwyr! Y smyglwyr!"
gwaeddodd Sam o'r fan.
"Ar eu holau nhw!"

Dacw'r fan yn mynd ar ôl y lori eto.
Mae'r fan yn trio dal y lori
a'r plismyn yn trio dal y fan.
"Daliwch nhw!" gwaeddodd y plant.
"Daliwch nhw!" gwaeddodd y plismyn.
"Daliwch nhw! Daliwch nhw!
Daliwch nhw!"